Las partes de una flor

por Luis Ramirez   ilustrado por Patrick Gnan

Scott Foresman
is an imprint of

PEARSON

Glenview, Illinois • Boston, Massachusetts • Mesa, Arizona
Shoreview, Minnesota • Upper Saddle River, New Jersey

Aquí está una flor.

Aquí está el tallo.

Aquí está la hoja.

Aquí está un capullo.

Aquí está un pétalo.

Aquí está la semilla.

Aquí está la raíz.